U0142600

「參與式學習」系列課程

Violence in the school
Developing Prevention Plans

預防校園暴力行動方案
教師手冊

Center for Civic Education　原著
財團法人民間公民與法治教育基金會　策劃出版

國家圖書館出版品預行編目資料

預防校園暴力行動方案：教師手冊 / Center for Civic Education原著 ; 吳愛頡譯. -- 初版. -- 臺北市：民間公民與法治教育基金會, 五南, 2015.4
　面 ；　公分
譯自：Violence in the schools:developing prevention plans
ISBN　978-986-89947-9-9（平裝）

1. 校園暴力 2. 學校管理 3. 學校輔導

527.4　　　　　　　　　　　　104004757

「參與式學習」系列課程──預防校園暴力行動方案・教師手冊

原著書名：Violence in the Schools: Developing Prevention Plans
著 作 人：Center for Civic Education（http://www.civiced.org/）
譯　　者：吳愛頡
策　　劃：黃旭田
本書總編輯：黃啟倫、黃金宏
董 事 長：張廼良
出 版 者：財團法人民間公民與法治教育基金會
編輯委員：古億琪、朱惠美、林素華、林莉婷、林孟穎、張微婷、許民憲、許珍珍、黃旭田、黃金宏、
　　　　　黃啟倫、劉金玫、滕澤珩、謝靜慧
責任編輯：古億琪、莊淑娟
地　　址：104台北市松江路100巷4號5樓
電　　話：（02）2521-4258
傳　　真：（02）2521-4245
網　　址：www.lre.org.tw

合作出版：五南圖書出版股份有限公司
發 行 人：楊榮川
地　　址：106台北市大安區和平東路二段339號4樓
電　　話：（02）2705-5066（代表號）
傳　　真：（02）2706-6100
劃　　撥：0106895-3

版　　刷：2015年4月初版一刷
定　　價：120元

感謝贊助出版
財團法人
蘇天財文教基金會
SU TIEN-CHAI FOUNDATION

目錄
Table of **Contents**

「參與式學習」系列課程

預防校園暴力行動方案／教師手冊

「參與式學習」系列課程

《預防校園暴力行動方案》（*Violence in the Schools: Developing Prevention Plans*）是美國公民教育中心所研發的「參與式學習系列課程」第二冊，第一冊是*Drugs in the Schools:Preventing Substance Abuse*[1]。

本系列課程的目的，在於教育年輕人享有身為公民所擁有的權利，以及負起公民應負的責任，同時提高年輕人在這方面的能力。「參與式學習系列課程」向學生介紹政策形成當中所使用的方法與程序，以此來訓練學生，同時透過這些教材引導學生：

■ 學習制定政策（Policy）[2]的流程

■ 培養成為負責任、積極參與的公民所需要的基本技能與素養

■ 培養有效、富創意的溝通技巧

■ 培養更正面的自我概念與信心，以行使並負擔公民的權利義務

◇ 課程背後的理念

民主以自治為原則，而自治需要有效的公民參與。公民教育的最終目標，在啟發學生成為我國憲政民主體制中，稱職且負責的參與者。

想要有效負起公民的責任，很重要的一點，就是要有監督與影響公共政策的意願與能力。公共政策的內容體現在政府的規則、決定與行動上，但其他像是企業、工會、宗教團體與學校等等，他們的政策也會具有公共性，對一般公民的生活也會產生重大的影響。

---

1 本書中文版計畫出版中。
2 廣義而言，「政策」泛指政府、組織、機構為實現目標所擬訂的計劃，而非僅指涉政府政策。狹義而言，系指任何層級的政府機關，一致同意以某種方式來履行該機關的某項責任。

「參與式學習」系列課程

　　對年輕學子而言，要學習參與民主運作，不一定僅限於和地方政府與中央政府相關的事務。成為稱職且負責的公民所需的許多技能與知識，其實和學校、班級經營相同。正因如此，讓年輕人直接參與解決身邊這些切身相關的問題，就可以培養他們成為有能力的公民。

❶本系列課程的目標

　　「參與式學習」系列課程的目標，在於透過下列方式，培養學生成為積極主動的公民：

■ 提供有效參與所需的知識與技能

■ 提供實際經驗，以協助體認培養能力和增進效率的重要性

■ 讓學生瞭解公民參與的重要性

❷本系列課程的特色

　　以下是「參與式學習系列課程」內容的基本特色：

■ 適合國小高年級與國中學生（五到九年級）

■ 約需12到15節的上課時間

■ 每一課都包括「閱讀與討論」以及「批判性思考練習」

■ 課程架構納入寫作、圖表分析、美術與其他各種跨領域的技能

■ 包括各種引導式的教學策略，例如：引導式討論、角色扮演、小組共同解決問題以及合作式學習技巧

■ 可融入社會研究、語言或健體課程

■ 包括學生讀本與教師手冊

◑ 本系列課程架構：解決問題的模式

　　本系列課程都是用來探索某個虛擬中學內部所發生的問題。學生可透過有系統的方式研究調查這項問題，並且擬定計畫或提出策略，以解決這個問題。

　　這些課程涵蓋的流程基本上有八個步驟，不過每個步驟所佔的篇幅不一定只有一課，要看問題的複雜度而定。可以確定的是，這些用來解決問題的步驟，其設計的目的都在於：

步驟一：探討與瞭解眼前的狀況

步驟二：檢視潛在的解決方案

步驟三：評估責任；判斷所提的解決方案能否落實各方應承擔的責任

步驟四：發展出願景；釐清需求、資源與應參與的人士；確立目標

步驟五：評量解決方案能否滿足需求、達到目標；選擇解決方案

步驟六：發展出班級的計畫

步驟七：和他人（學生、政府人員、家長、社區成員）分享班級的計畫；針對計畫的
　　　　有效性接受回饋意見

步驟八：檢視並反省個人與全班的參與狀況

「參與式學習」系列課程

解決問題的模式

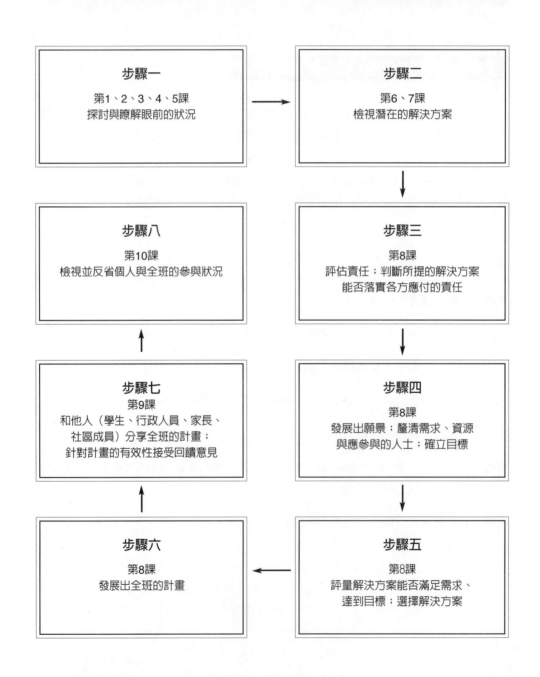

步驟一

第1、2、3、4、5課
探討與瞭解眼前的狀況

步驟二

第6、7課
檢視潛在的解決方案

步驟八

第10課
檢視並反省個人與全班的參與狀況

步驟三

第8課
評估責任；判斷所提的解決方案
能否落實各方應付的責任

步驟七

第9課
和他人（學生、行政人員、家長、
社區成員）分享全班的計畫；
針對計畫的有效性接受回饋意見

步驟四

第8課
發展出願景；釐清需求、資源
與應參與的人士；確立目標

步驟六

第8課
發展出全班的計畫

步驟五

第8課
評量解決方案能否滿足需求、
達到目標；選擇解決方案

教學策略

引導式課堂討論、小組活動與運用社區資源人物,都是本課程中所應用的重要技巧。以下是在規劃執行本課程時,應該加以考量的一些教學問題:

❶ 進行全班討論

有效的公民教育包括呈現和討論具爭議性的題材,而這正是學生和老師都會對這套課程感興趣的原因。經由討論的過程,學生獲得知識、決策技巧、處理紛爭的經驗,以及致力於當個好公民的決心。

為了確保你和你的學生都能自這個課程的學習經驗中獲得啟發和益處,你可以參考下列建議,以順利針對具爭議性的問題和當代議題進行班級討論:

■ 強調爭議、妥協與共識的合理性,這些正是民主社會的命脈。

■ 嘗試以具體的方式說明爭議的核心問題。請學生思索他們在生活中面臨的類似問題和困境。

■ 鼓勵學生以公正的態度檢視及介紹相衝突的觀點,藉此強調各種觀點的合理性。教師必須提出學生可能忽略的相對意見。

■ 讓學生將注意力放在討論觀念或立場上,而非人的身上。強調在面對具爭議性的議題時,有理智的人可能提出極為不同的意見。鼓勵學生在不同意多數意見時提出異議,即使他們是唯一持反對態度的人,亦應如此。

■ 協助學生確認正反論點,思考可能的折衷方案,想想哪些事情是不能妥協的。

■ 向學生強調提升自己能力的重要,讓自己能做出明智的決定,以文明的方式加以說明,也懂得尊重他人意見。

■ 藉由評量所提出的論點及探討各項建議的可能結果,來總結活動或討論。

這套課程十分注重班級討論和意見分享,在開始上課前,你可以訂些基本規定,例如:

教學策略

■ 在表達自己的想法前，要準備好為自己的想法辯護。

■ 以有禮而尊敬的態度傾聽他人意見。老師可能會請你告訴大家自己以外你最欣賞誰的看法。

■ 每個人都會有機會說話，但一次只能有一個人說話。

■ 不要與人爭辯，而應將重點放在理由和想法上。

■ 你可以隨時改變自己的想法，並準備好與大家分享你這麼做的理由。

■ 為了保護個人隱私，當談到你們學校或社區裡任何嚴重的問題時，不要指名道姓的進行討論。

✐ 運用有效的提問策略

「提問」是本系列課程非常重要的一項特徵，有效運用問題是學習過程中的關鍵，因此需要詳細規劃。採用提問策略的主要目標，應該是強化學生的能力，讓他們能做出明智而負責的決定。

大體而言，在規劃班級討論活動時，應該考慮六種問題。以下即簡單介紹這六種問題並加以舉例：

1. **知識方面的問題：**這類問題與回想特定事實或資訊有關。
   例如：這個問題的三大可能原因是什麼？

2. **理解方面的問題：**這類問題關係到學生能否了解課文內容。請學生嘗試換句話說，或詮釋所學觀念，即可知道答案。
   例如：畫圖說明我國這個問題的一大原因。本課的主旨是什麼？

3. **應用方面的問題：**這類問題關係到學生是否有能力活用所學於新情況。
   例如：以自身經驗為例，說明這些想法重要之處。未來你可以如何運用這套步驟來解決紛爭？

4. **分析方面的問題**：這類問題關係到學生是否有能力剖析課文內容，化整為零，包括辨識零碎部分，以及建立各部分之間的關係。

   例如：你們的決定會有什麼結果？哪些結果是有益的，哪些則會招致損失？

5. **整合方面的問題**：這類問題關係到學生能否將所有零碎部分整合成一個新的整體，重點在於創造新的思維模式。

   例如：你可以提出哪些論點，來說明我們應該或不應該運用某個特定的解決方案，來解決這個問題？

6. **評量方面的問題**：這類問題關係到學生能否判斷手中資料的價值以達到某個目的。

   例如：要防範未來再度出現同樣的問題，你們的計畫有多大的效果？

設計問題時，要注意不要讓學生只會聽老師說話和回應老師，要讓他們與同學間也能有這樣的互動。你可以利用下列方法鼓勵學生的主動參與：

■ 提出問題後，請學生兩人一組討論問題的答案。

■ 要求學生說明他們的答案，這不但對他們自己有利，也能加惠其他人。

■ 要求學生提供額外的事實、資訊、觀點等，拓展自己或其他學生的答案。

■ 請學生根據剛才課堂上過的內容，自己提出一些問題。

■ 在提出問題後暫停至少七秒，給學生思考的時間。

■ 假如學生的答案很短或很破碎，請他們提供進一步的說明。

■ 每個問題要請至少兩位學生來回答。

■ 鼓勵學生對其他學生的答案有所回應。

■ 除了請自願者回答問題外，也要請不會主動舉手的學生回答。

教學策略

❷鼓勵小組學習

　　課本中的練習，一般設計成合作式的學習活動，讓學生兩人一組或分成幾個小組來學習。活動要順利進行，每個人的參與都是必要的。老師應該鼓勵學生不僅致力於學術上表現，也要培養和運用適當的人際關係技巧。老師在規劃與執行合作式小組學習時會面臨許多重要抉擇，其一與小組的規模有關。你可以依照要探究的主題，決定你們班上一組最好有多少位學生。

　　威爾頓（David A. Welton）和馬倫（John T. Mallan）在他們合著的《孩童和他們的世界：教授初級社會課》（Children and Their World: Teaching Elementary Social Studies，第四版，出版商Houghton-Mifflin，1991）一書中，提到不同大小的組別一般會有的一些行為特色：

■ **兩人一組**：資訊高度交流與極力避免意見不一致的情況，是兩人一組表現出來的兩項特徵。然而，如果兩人意見不一致，就會產生僵局，原因是小組中沒有任何一方獲得第三者的支持。

■ **三人一組**：三人一組的特徵通常是一人少數受制於多數。不過，三人小組在結構上其實是最穩定的，有時會出現換人聯盟的情形。

■ **五人小組**：學習效果最令人滿意的似乎是五人小組，小組內活動進行順暢。如果分裂成兩人對三人的局面，屬於少數的一方意見，仍有人支持。五人小組由於人數夠多，所以組員可以相互刺激，卻又小到足以有充分的參與和個人的認可。

■ **人數超過五人的小組**：隨著小組規模擴大，小組整體的能力、專門知識和技能也有所強化，但也更難讓所有組員專心於手邊工作、確保每個人都有發言機會以及協調小組行動。

　　教師在規劃與執行合作式小組學習時所面臨的另一項抉擇，即是分組時是要讓學生自己選擇組員，還是由老師來分組。強森（David W. Johnson）和其他人所合著的《學習的圈子：教室內的合作》（Circles of Learning: Cooperation in the Classroom）一書，於1984年由「督導與課程發展協會」（the Association for Supervision and

Curriculum Development）出版，其中提到分組所具有的特點如下：

　　學生自組小組通常組員同質性高，成績好的學生選擇其他成績好的學生組成一組，男生和男生一組，不同文化背景的學生則選擇背景和自己相似的人一組。相較於在老師分配下所形成的小組，學生自組小組通常比較無法專注於手邊工作。

　　異質性高的小組在討論時似乎比較會有創造性的思考，組員間較常相互說明想法，也比較能容納不同的觀點。

　　有個方法能有效改進學生自組小組的缺點，那就是請學生列出他們想和哪三個人同組，然後將學生與他們所選的其中一人配在同一組，其他的組員則由老師指定。老師應該仔細思索該如何為沒人選擇的學生，建立一個友善的學習環境。

　　你也可以考慮用報數的方式隨機分配學生成組。比方說，若班上有30位學生，要五人分成一組，一共六組，你可以要求學生輪流報數，從一數到六。然後，讓報「一」的人組成一組，報「二」的人一組，以此類推。一旦分好組，你可以維持這樣的組別一段時間，而不是在進行課本內其他活動時又重新分組。

　　以下是在課堂上進行小組活動時可以參考的一些建議：

■ 給予學生明確的工作指示。在活動期間，確定學生了解要進行的步驟或程序。

■ 給學生充分的時間完成被指派的功課。發揮創意，想些有建設性的辦法，讓較早完成工作的組別，不會無事可做。

■ 處理管理上問題時要明確。假如各組必須推派代表向班上同學報告他們的工作成果，那就要安排時間讓各組推派代表。

　　想想採取小組學習的方式，會對你的評量策略產生什麼影響。設法對各組的努力均予以獎勵。監督各組工作。隨時提供學生資訊以引導他們。

教學策略

● 運用社區資源人士

在進行特定幾課時，若能讓擁有合適經驗或專業的社區人士參與課程進行，能大幅強化及拓展學生對課程議題的瞭解。社區資源人士的幫助可以分為下列幾方面：

■ 經由分享實際的生活經驗、以及審慎應用概念的過程，可使課程更加生動有趣。

■ 協助課堂活動進行。

■ 與某班建立長久關係，如此該班在課堂上遇到問題或疑惑時，可以經常透過電話請教。

哪些人可以擔任這種資源人士的角色？這個答案依社區本身情況而定。通常這類人士包括：警察、律師、法官、立法者與地方政府的官員，以及政治學或法學教授；在每一課當中，都有關於特定職業和人士的建議。

要讓社區資源人士的參與發揮最大的效果，需要詳細的規劃。教師應該注意下列事項：

■ 這些重要人士的參與應該經過審慎考量，能夠配合課程。

■ 社區資源人士主要參與模式應該是與學生互動和分享意見；他們也應參加課程或活動最後的總結討論。

■ 社區資源人士的發言不應偏頗，應該平衡地提到各種觀點。如果來班上參與活動的人無法維持客觀，你可以考慮再邀請一位人士，以確保學生了解多方論點。到訪貴賓也應該避免使用專業術語，講話用字越簡單越好。

■ 在社區資源人士到訪以前，學生應該有充足的準備，才能充分利用學習的機會。

■ 社區資源人士大多不是受過訓練的老師，因此不應負責班級經營。他們到班上來時，老師應該全程在場給予協助。

■ 社區資源人士應該事前就拿到課程的資料。一般而言，造訪前先見個面或用電話溝通，有助於貴賓了解身上所背負的期望。

由於這套課程規劃緊湊、上課時間有限，建議老師盡早提出邀請。應該找一組學生負責在賓客到訪當天接待他們，並在活動結束後寄出感謝函。

✐ 記錄學習日誌

記錄學習日誌能夠幫助學生有系統地記下個人在特定時刻對所學觀念的摘要、省思或問題，鼓勵學生思索所學到的「觀念」、「因果」和「方法」。花時間省思是很好的學習習慣，應該加以培養。記錄學習日誌還有助於改善寫作技巧。

「參與式學習系列課程」提供許多的機會，讓學生可以針對所學進行反思。你可以在各課或各活動接近尾聲時給學生幾分鐘時間記錄學習日誌，也可以把記錄學習日誌當成是家庭作業，鼓勵學生在日誌裡：

■ 探討所學內容的某個層面

■ 寫下個人對於課程或活動結果的反應

■ 記下課程或活動所引發的關於某個議題的疑問

是否要為學習日誌評分是個人的選擇，不過，你應該定期請學生交日誌，針對學生所寫的內容提供一些意見。將評論和個人的觀察寫在日誌裡，有助於你建立與學生之間的私人對話。鼓勵學生與其他學生以及家長分享他們的學習日誌，藉此向自己和他人展現自己的學習成果。

✐ 評量學習成果

在授課過程中用來評量學習成果的方法，必須全面而多元。從傳統的筆試、到以表現為主的評量方式，都可以作為用來衡量進步狀況的策略。

實作表現的評量不同於傳統測驗的地方，就在於學生毋須回答著重於一般獨立

教學策略

事實的問題，毋須辨識及選出這些問題的正確答案。學生參與學習活動必須擁有複雜的知識與技巧，而透過活動進行教學的老師，必須從類似的情境來衡量學生的學習成果。例如，學生在進行實作及發表的過程中，藉由回答複雜的問題，表現出他們在處理本課程相關議題時所學到的知識與技能。由於不是只有一個所謂的正確答案，學生可以創造或架構一個合適的答案或作品，來展現他們的知識與能力。

如果你想自己設計方法，來評量學生在這套課程中的學習成果，以下是你可以參考的一些建議：

■ 評量架構盡可能讓學生可以自己組合或建立適當的答案，而非只能從固定的選單中進行選擇。

■ 針對某項表現或產出的過程與品質進行評量，而非評量學生找出正確答案的能力。強調支撐高品質表現或產出的背後想法與思維。

■ 針對各種相關的想法與技巧，評量學生掌握其間關連性的能力。學生應能結合閱讀、研究、寫作、發言與批判性思考等各種技巧。

■ 何謂成功的表現，標準一定要明確清晰；在可能的情況下，提出成功的榜樣與典範。

■ 針對有效與成功的團隊合作，提出明確的標準。如果學生知道自己必須接受評量，團隊合作與小組互動就會是具有正當性的重要技巧。

■ 創造一些機會，讓學生可以評量本身的進展，可以自己判斷本身的表現是好是壞。如此一來，可以協助學生把高標準內化，同時學會辨認自己的表現是否已達標準。

■ 提供豐富的機會，讓學生能得到老師、同學、以及到班上參加活動的社區資源人物所給予的各種回饋意見。

◢ 學習經驗回顧與省思

在每課的尾聲，學生都可以回顧與評量自己的表現，看看自己可以達成多少課程目標；包括思考課程的內容以及教學方式。

校園暴力問題：研擬預防計畫

*課程理念

　　只有在一個安全而有秩序的學習環境裡，我們才談得上學習。但實際上，在校園裡的老師和學生們，每天多少都會面臨到暴力、吸毒與違反紀律的問題。一個健康、幸福的國家，就需要有安全而高品質的教育環境；學校如果想做到這一點，就必須主動積極處理這些問題。

　　美國的「全國教育目標」第六點[3]當中曾經提到：「到西元2000年，美國所有校園都能免於毒品與暴力的威脅，不會有未經核准就攜入校園的酒精與武器，因而能提供一個充滿紀律、利於學習的環境。」即使到今日，這個目標仍然還很遙遠。在大多數學校裡，整個教育的過程都嚴重受到暴力、違規與學習風氣不良等現象的干擾（引自「達成目標：目標六——安全、有紀律、無毒品的校園」《Reaching the Goals: Goal 6, Safe, Disciplined, and Drug-Free Schools》美國教育部研究司出版，1993年2月）。

　　設計《預防校園暴力行動方案》這套課程的目的，在於達成教育部所訂定的全國教育目標第六點。這項課程讓學生能夠參與：

■ 調查校園暴力問題的嚴重程度。

■ 檢視問題的原因與影響。

■ 決定誰該負責解決校園暴力問題。

■ 研擬解決方案以減少並預防校園暴力。

3　美國全國教育目標的訂定，源於1989年所舉行的教育高峰會議，由與會的前任總統布希和50位州長所共同同意設定並於1990年2月公布。布希更於1991年4月18日宣告「美國2000：教育策略」，柯林頓於1994年3月31日在聖地牙哥簽署「目標2000：教育美國法案」（Goals 2000: Educate AmericaAct），使之成為正式的全國性教育法案。

校園暴力問題：研擬預防計畫

教學目標

學生在參與過《預防校園暴力行動方案》課程後，應該能夠：

■ 說明校園暴力問題以及暴力對學校與社區的影響。

■ 說明校園暴力某些共通的原因與影響，並決定哪些人應該共同解決問題。

■ 和他人合作，為教材中的虛擬中學研擬一份暴力預防計畫，以解決問題。

■ 評量整個計畫，確保計畫除非有必要，不會侵犯其他重要價值與利益，並能達成既定目標。

■ 反省自己參與課程練習的成效，藉此為本身的學習負起責任。

■ 踐行身為公民重要的權利與責任：探索問題並提出解決問題的想法。

課程架構

《預防校園暴力行動方案》課程共分成十課，每課長度都不同。這些課程的內容是根據本書第8頁的「解決問題的模式」來安排的，每課都包含「閱讀與討論」、「批判性思考練習」以及延伸與加強學習經驗的相關建議。

學生課本上每一課的插圖都是教學內容的一部分，可以用來引導討論，或檢視曾經提過的概念。課本最後面附有詞彙表，可以用來協助學生瞭解抽象觀念和不太熟悉的片語。本教師手冊則針對每課的內容提供明確的教學指引。

課程的教學指引內容包括**課程綜覽、課程目標、課前準備／所需教材**以及**教學步驟**。有些單元的教學指引還會提供一些額外的補充資料，以加強學生對課程內容的瞭解。

教師手冊最後附有「結業證書」，可以發給參與本課程的每個學生。

教學指引

⁴⁴引導學生進入「預校園暴力行動方案」課程

　　把課本發下去以後，請向全班同學說明下列事項：接下來要上的是有關校園暴力的課程，這是一項參與式的課程，各位同學將會在課堂上一起檢視關於全國校園暴力問題的原因及影響，然後提出班級的解決方案，以減少和預防這個問題。

　　學生，被視為是解決問題的人，所以在課堂上，全班將共同檢視一所虛構的中學（麥迪遜中學）的校園暴力問題，然後共同研擬解決方案。由於所檢視的對象是虛構的學校，學生面對問題時，就比較能夠保持理性與客觀的態度。在本課程的最後，學生可以和家長、學校行政人員與（或）社區成員分享班級提出的解決方案。

　　首先請學生仔細審視課本的封面，請他們注意整個課程的完整名稱。

■ 這個名稱隱含了哪些活動？

■ 課本封面上的圖畫，建議各位同學應如何參與本課程？

■ 在著手研擬暴力預防計畫之前，先了解哪些資訊才會有助於學習？

■ 透過哪些有效的步驟，可以讓全班同學共同參與？

　　請學生閱讀課本第1到2頁的課程簡介，並請學生討論：為什麼學生們認為瞭解校園暴力問題十分重要？為什麼找出方法來解決這個日益嚴重的問題，是更重要的事？

　　協助學生了解本課程對「暴力」一詞的定義：「運用肢體力量傷害他人或毀損財物。」請全班同學把曾經聽說過的暴力行為列成一張表，並寫在黑板上。

　　請學生辨認列在黑板上的暴力行為當中，有哪些是針對財物？哪些是針對人？並提醒全班，雖然這當中有某些暴力行為是針對財物進行破壞，但本課程的討論範圍主要是以人對人的傷害行為（或威脅要傷害）為主。

　　請學生思考社會上與校園中，暴力行為會帶來的後果。

■ 暴力行為對施暴者有什麼影響？

■ 暴力行為對被害者有什麼影響？

■ 暴力行為對旁觀者（bystanders）或甚至成為證人（witness）的人有什麼影響？

■ 暴力行為對我們的社會和學校有什麼影響？

　　接下來，請學生列出希望在參與本課程的過程當中，能獲得解答的一些問題。如果你要請學生撰寫學習日誌，可以把這項練習也納入學習日誌的記載內容，請學生和全班同學分享自己的問題。

Lesson 1

我們班同學對校園暴力有什麼樣的想法?

課程綜覽

在本課中,學生會開始探索他們對國內校園暴力問題的態度。我們會要求學生釐清並表達他們個人有關這個問題的意見。此外,學生也會去思索班上同學對此問題各式各樣的看法,以及這個問題在校園中和社區中都很重要的原因,並予以尊重。

課程目標

本課課程結束之後,學生應該能夠:
- 說明並釐清自己對國內暴力問題乃至校園暴力問題所採取的立場。
- 描述同學的立場。
- 說明解決校園暴力問題是重要課題的原因。
- 找出他們對校園暴力可能有的相關疑問。

課前準備和所需教材

學生課本第3-5頁

教學步驟

✿介紹本課內容✿

在進行第一課的課程之前，可以先請學生共同參與，確定某些小組活動與課堂討論的基本規則。請參考本手冊第9頁有關「進行全班討論」的建議內容。為了保護個人隱私，在討論校園或社區的任何物質濫用（drugs）[4]問題時，請不要提及個人姓名。

課程一開始，先把「暴力」一詞寫在黑板上或筆記本上，請學生敘述自己看到這個詞彙時，所聯想到的事物，並把學生的答案記下來。提醒學生參考他們在課程簡介中所學到的「暴力」的定義。確認學生對這個定義是否有疑問。

「暴力」可以定義為運用肢體力量去傷害別人，或毀損他人的財物。

---

4 物質濫用(substance abuse)
（一）定義：1.凡長期或過量使用某些物質，個體無法減量與停止；2.以對個體的社會與職業功能產生傷害，以上症狀持續一個月以上者；3.若減量或停止則發生戒斷症狀。
（二）條件：1.物質依賴；2.身、心、社會功能傷害。

藥物濫用(drug abuse)：非以醫療為目的，在不經醫師處方或指示情況下，過量或經常使用某種藥物（不含煙、酒、非麻醉性止痛劑），其濫用程度足以損害個人健康，影響其社會與職業適應，或危害社會秩序者。

✿引導學生練習：思考與表達✿

我對校園暴力有什麼樣的想法？

請學生翻到課本第3頁的「我對校園暴力有什麼樣的想法？」，並請每個學生回答此處第1和第2個問題。老師也可以請學生直接將答案填寫在課本空白處。

✿小組討論✿

我們班同學對校園暴力有什麼樣的想法？

如果先前還沒有進行分組，此時你應該先進行分組。然後指定（或請學生自己選出）每組的紀錄者與發言人。請參考本手冊第12頁「鼓勵小組學習模式」的相關建議，以有效推動小組活動。

課本第4頁的第3題，可以協助學生凝聚本身的想法，同時讓學生準備好討論各種相似與不同的意見。把「共識」與「異議」兩個詞彙寫在黑板上或紙上，說明本活動的目的是針對哪些詞彙最能代表學生對暴力態度，達成小組的共識或完全相同的看法。如果某個小組無法達成共識，請小組內每個人寫下自己不同意大多數人看法的原因。強調每個人都有權表達自己的看法，同時也有

責任尊重他人的看法。

請每個小組完成「我們班同學對校園暴力有什麼樣的想法？」第1、2題的練習。為了鼓勵每個人充分參與，你可以發給每個學生兩張小卡片（或其他物品），發言的學生要把自己的一張小卡片交給小組報告人，小組討論活動結束時，所有的小卡片都必須用完。這項學習策略可以鼓勵每個學生盡量參與，同時再次強調每個學生的看法都很重要，應該加以重視。你可以在各組之間來回走動，協助學生進行討論，同時回答學生所提出的問題。你也可以建議每個小組用圖畫來表達他們對暴力的看法。

請學生結束小組活動，並請每組的報告人負責說明每個小組的看法。鼓勵其他組員針對同組報告人所說明的內容，進行補充或提出進一步澄清。如果有小組無法達成共識，記得請其中持有異議的人表達看法。在每個小組說明完畢之後，請其他小組的同學針對發言組所採取的立場提出問題。

提醒學生，這項練習的目的，在於協助學生瞭解並釐清個人對暴力的認知與態度。此時他們不需要為自己的立場辯護，也無須爭辯某人的立場是否優於另一個人的立場。

在這個活動開始之前，你可以把學生手冊第4頁表上的每個字詞貼在教室四周，這樣各組報告人就可以站在代表他們小組立場的字詞旁邊，發表看法。如此一來，大家就可以很快看出，全班是否有共識或共識程度的高低。

◐ 全班討論 ◑

我的看法有沒有改變？

正如學生課本上所指出的，請每個學生用一段簡短的文字，描述處理校園暴力問題是一項重要課題的原因。請學生和全班同學分享自己的看法，並在紙上記錄處理校園暴力問題之所以重要的原因。這些紀錄可以在之後學生為虛擬的麥迪遜中學研擬預防暴力防治計畫時，參考使用。

◐ 課程總結 ◑

在為本課程進行總結時，請每個學生回想在討論過程中，以及在回答學生課本第5頁的「課程內容省思」當中的問題時，大家所表達的種種意見。請學生和全班同學分享自己的答案，並把自己針對校園暴力所產生的疑問記在學習日誌裡。經過這些討論之後，他們是否想到任何可以減少或預防暴力的方法？如果有的話，請他們把這些想法記在學習日誌裡，以供日後參考。

Lesson ②

麥迪遜中學有什麼樣的問題？

課程綜覽

　　本課介紹學生認識麥迪遜中學。學生將檢視這所虛擬學校內一連串與暴力相關的事件，然後判斷這些事件對學生、教師、行政人員、家長與其他社區成員，有什麼樣的影響。最後，學生將開始思考，哪些人有責任共同解決校園暴力所引發的問題。

課程目標

本課課程結束之後，學生應該能夠：
■ 說明嚴重的暴力問題可能對學生、教師、行政人員、家長與社區所產生的廣泛影響。
■ 找出他們認為應該負責處理麥迪遜中學暴力問題的人。

課前準備和所需教材

1. 學生課本第7-11頁
2. 延伸活動：邀請社區人士，例如家長、警察、商人、校方行政人員或學校董事，來和學生討論他們對校園暴力的看法。請參考本手冊第14頁有關如何有效「運用社區資源人士」的建議。

教學步驟

✐ 介紹本課內容 ✐

運用下列問題，進行全班討論：

1. 你們認為暴力在我國校園內是個嚴重的問題嗎？為什麼？

2. 你們能不能從曾聽過或看過的事件中，舉出一些關於校園暴力的實例？或與學校活動有關的暴力事件？

3. 你們認為這些實例在我們的校園當中，是個別事件？還是常見的狀況？

4. 暴力對我國的校園產生什麼影響？

請向學生說明，在這一課裡，他們將檢視暴力對麥迪遜中學和它的社區所產生的影響。強調麥迪遜中學是一所虛擬的學校，可能和你們社區內的學校或自己的學校相似，也可能不一樣，任何和特定學校的相似之處，純屬巧合。提醒學生，大多數中學都沒有嚴重的暴力困擾。教師應事先決定，是否要鼓勵學生把本課內容拿來和自己的學校比較。

✐ 閱讀與討論 ✐

麥迪遜中學的狀況

請全班閱讀「麥迪遜中學的狀況」以及前面一段的簡介內容。你可以建議學生在關鍵字詞的下方畫線，以便回答本課標題「麥迪遜中學有什麼樣的問題？」所提出的疑問。

趁著學生閱讀的時候，在黑板上畫出一個時間表，從九月一直列到二月。請學生回顧在麥迪遜中學所發生的各種事件，把學生的反應寫在相應月份的旁邊。請問學生，他們認為學生、教師與行政人員，在每個事件發生之後，可能會有什麼樣的感覺。

在討論過程中，請清楚檢視這些事件的特點，協助學生瞭解學校與社區之間的關係。舉例而言，由社區所贊助的校外活動，如果出現暴力事件，和學生在校的行為與態度有什麼關係？

你也可以問學生，察覺校園內存在暴力的問題，是否能帶來正面的影響。例如，讓校長、護士、輔導老師或其他人員注意到這個問題，進而協助學生與學校處理。

✐ 解決問題的練習 ✐

此問題所產生的影響

請學生兩人一組或五人一組討論（不同分組方式的特色，可以參考本手冊第12頁有關「鼓勵小組學習」段落的說明），共同完成課本上第9頁「校園暴力問題所產生的影響」的練習。給學

生足夠的時間，讓他們能回答所有問題。

請學生結束分組討論，並請他們分享自己的答案。把學生的答案記在黑板上。你可以根據這段討論的內容，在黑板或紙上列出可能受到校園暴力影響的其他人員、團體或事件。

這部分可能的答案包括：

■ 弟弟或妹妹

■ 納稅人（需要警方、醫療服務與司法體系的公共成本）

■ 保險公司與要保人

參考答案：

1.若學生曾涉及校園暴力事件（不論是加害者或被害者），其兄弟姊妹——特別是年齡較幼小的弟弟或妹妹——在心理層面或名譽上都可能會受到影響，甚至也可能遭受暴力事件的波及。

2.校園暴力事件可能會需要警方、醫療服務與司法體系協助處理，在處理過程中支出的公共成本，都是來自於納稅人繳交的稅金。

3.當有人在校園暴力事件當中受到傷害，可能會使相關保險（如醫療險、學生平安險）的保費增加。保費增加

又可以分成兩種情形：

（1）若個人經常涉及校園暴力事件，個人的保費可能增加。

（2）若校園暴力事件成為社會常態，社會全體成員的保費都可能會增加。

本課提供讓社區資源人士能夠參與教學過程的機會。這些資源人士可以參加小組討論，也可以在本課最後總結時參加討論。他們可以印證學生對校園暴力影響的想法，也可以針對全班沒有想到的地方，提供其他見解。

校園原本就是社區的一部分，校園內的暴力會對社區產生影響。同樣的，社區暴力也會對校園產生衝擊，解決暴力問題是雙方共同的責任。

✐ 課程總結 ✐

在為本課程進行總結時，討論學生課本第11頁的「課程內容省思」的問題。討論重點可以放在第三題：山普森校長擔心還有未被發現的校園暴力行為。請問學生，為何瞭解問題的嚴重程度很重要，以及山普森校長如何取得更多的資訊。

在討論過程當中，協助學生了解下列重點：

■ 在規劃預防策略與計畫時，掌握暴力

類型與相關人士的正確資訊是非常重要的。舉例而言，掌握在洗手間所發生事件的次數與類型，就能決定是要加強監控或針對設施進行改裝。

■ 即使是微小的暴力事件，也可能導致嚴重的後果。如果這些事件沒有被發現，等到學生能夠獲得幫助時，可能已經太晚了。

■ 校園中的暴力行為通常包括施暴者、被害者與旁觀者。請在規劃校園暴力預防計畫時，探索這些不同角色的意義。

針對相關議題的其他背景資訊，請參考「參與式學習系列課程」的另一冊出版品Drugs in the Schools:Preventing Substance Abuse。

請學生單獨或分組製作圖表，來說明麥迪遜中學的校園暴力問題，以及這些問題所產生的影響。為了製作圖表的內容，請學生把麥迪遜中學的事件列出來，記下每個事件對校園與對社區的影響，並列表對照。鼓勵學生參考稍早在本課的紀錄（課本第9~11頁「校園暴力問題所產生的影響」練習）。

請學生和全班同學分享自己的圖表。你可以運用這些圖表，製作一個「暴力對校園與社區之影響」的公布欄，鼓勵學生把報紙上的相關報導帶來貼在公布欄上。

引導學生檢視麥迪遜中學的暴力事件，所有的處理方式都是懲罰性的。請學生腦力激盪，想想有沒有其他的解決方案，同時探討發生暴力事件的原因。在所有的情況下，懲罰都是最好的處理方式嗎？學校還可以透過哪些其他的方式，來處理這些問題，例如：諮商（counseling）、復健（rehabilitation）、調解（mediation）等。

Lesson ③

有關國內校園暴力的問題，你可以從新聞媒體學到什麼？

課程綜覽

許多學校並沒有受到暴力之害，然而，麥迪遜中學的暴力問題，在國內許多學校卻很常見。在本課中，學生將開始瞭解國內校園暴力問題的嚴重程度。他們將閱讀好幾篇新聞報導，以判斷這個問題的嚴重性，同時探索暴力問題的成因，以及暴力對年輕人與學校產生的影響。此外，學生也可以評估研究暴力問題時，以新聞報導作為資訊來源的效益。

課程目標

本課課程結束之後，學生應該能夠：
■ 根據幾篇新聞報導的內容，描述暴力問題的嚴重性。
■ 根據幾篇新聞報導的內容，描述校園暴力的原因與影響。
■ 在研究暴力問題時，評估以新聞報導作為資訊來源的效益。

課前準備和所需教材

1. 學生課本第13-19頁
2. 可以選擇是否邀請一名記者到課堂上，以學生和社區成員即將參與的課程和活動為主題，為當地報紙撰寫一份新聞稿。

教學步驟

介紹本課內容

為了介紹本課內容，請學生看課本第13頁上的插圖。請學生回答插圖旁邊的問題：「有關校園暴力的起因與影響，你可以從新聞報導中學到些什麼？」

和全班一起，討論在研究校園與社區的暴力問題時，以新聞媒體作為資訊來源的效益。或許也可以討論媒體如何影響我們對問題嚴重性的認知。

閱讀與討論

你有什麼看法？

在學生閱讀本課的新聞報導內容之前，先和全班同學一起檢視課本第19頁上「你有什麼看法？」這個段落的問題。

請學生閱讀本課的簡介段落，以及課本第14-18頁所引用的新聞報導。你可以建議學生在每篇報導的重要內容畫線。

和全班一起討論「你有什麼看法？」當中的問題。

1. 從這些新聞報導中，你對校園暴力問題的嚴重性，有什麼樣的想法？

學生的回答可能包括：

■ 暴力行為會出現在市區、市郊以及鄉下的學校。

■ 有些學生會使用武器施暴，例如球棒、小刀與槍枝等。

■ 暴力行為通常出現在彼此認識的人之間。

2. 從這些新聞報導中，你對校園暴力發生的原因，有什麼樣的想法？

學生的回答可能包括：

■ 霸凌往往是造成校園暴力的原因之一。

3. 從這些新聞報導中，有關校園暴力對學生、家長與社區的影響，你有什麼樣的想法？

學生的回答可能包括：

■ 警察必須在校園進行巡邏。

■ 學生覺得學校不安全。

■ 人們可能覺得震驚和無助。

4. 報紙、電視、廣播與其他新聞媒體，如何影響我們對校園暴力問題嚴重性的觀感？

學生的回答可能包括：

教學步驟

■新聞報導可能創造出一種感覺：讓人覺得這個問題比實際上更廣泛、更嚴重。

■新聞媒體很少報導沒有暴力行為的絕大多數學生。

你可以提醒學生，新聞報導聚焦在嚴重的事件上，可以協助預防未來可能出現的傷害，甚至是死亡事件。

如果你邀請了新聞記者到班上來參與課程，就請這位資源人士和學生討論一下近日地方報紙上報導過的新聞事件，同時針對你們社區內這個問題的嚴重程度，交換一下彼此的看法。學生也可以和這位資源人士討論，新聞媒體報導暴力事件的方式，是否誇大了這個問題的嚴重性。或者學生可能也想知道，報社如何決定報導內容。學生應在資源人士來訪之前，就事先準備好要問的問題。

✐ 批判性思考練習[5] ✐

撰寫一篇新聞報導

把全班分成三人到五人一組，請每個小組從第二課所述麥迪遜中學的暴力事件中選擇一例，然後針對這起事件撰寫一篇新聞報導。每個小組應派出一名

報告人唸出這篇報導，同時準備回答相關的問題。小組也可以設計一張插圖或漫畫來搭配報導。如果這些報導與插圖是寫／畫在海報紙上，就可以張貼在教室四周。

✐ 課程總結 ✐

在為本課程進行總結時，請學生回想他們在全班討論時所分享的資訊，並把在本課當中所學到的內容，摘要記錄在學習日誌裡。

最後，指派學生進行課本第19頁的「課程內容省思」當中的一個活動。

---

5 本練習可選擇進行。

第四課
Lesson ④

國內的校園暴力有多嚴重？

課程綜覽

麥迪遜中學的校長山普森，已經看到暴力問題對他們學校的影響。他希望更加瞭解全國的校園暴力問題。

學生在本課中，將進一步檢視與美國校園暴力相關的統計資料。透過各種不同資源的運用，學生將更加瞭解這個問題的嚴重性，以及暴力問題對年輕人所產生的影響。

課程目標

本課課程結束之後，學生應該能夠運用統計資料，描述美國校園暴力問題的嚴重性。

課前準備和所需教材

1. 學生課本第21-29頁
2. 發給每個學生方格紙。
3. 可選擇是否邀請學校的數學老師來參加課本第23-28頁的課程。

教學步驟

✐ 介紹本課內容 ✐

請學生閱讀課本上第21-23頁的簡介內容，並請學生把自己在第1和第3課所學到的暴力成因，拿來和山普森校長所找到的原因對照與比較。向學生說明，在第2課裡，大家已經探討過暴力對學校與社區整體的影響，但在剛看過的第4課內容裡，大家讀到的則是暴力對個別學生的影響。

詢問學生，蒐集全國有關校園暴力的資訊，為什麼很重要。提醒學生，如果能以最正確、最可靠且最新的資訊為基礎，大家即將著手研擬的麥迪遜中學校園暴力預防計畫，就比較能夠發揮效果。

請學生看課本第22頁上的插圖，並回答插圖旁邊的問題：「山普森校長要如何判定，資訊的來源是否可靠？」

和全班一起討論「用批判性的態度分析統計數據，以更加瞭解數據背後的意義」的重要性。向學生說明下列訊息的重要性：知道這是誰蒐集的資訊、蒐集與編輯資訊的時間、蒐集與編輯資訊的方式，以及運用資訊的方式等。舉例而言，一個暴力預防機構為什麼要

■ 運用統計數據來顯示校園暴力與日俱增？

■ 運用統計數據來顯示校園暴力正逐漸減少？

雖然本課的統計資料有時看來十分複雜，但維持平衡的觀點是很重要的事。校園暴力的程度是升高還是減少，會受到許多因素的影響，例如年齡以及暴力類型等。暴力是個很嚴重的問題，需要多加注意，但以為每個人都有攜帶武器的錯覺，卻可能讓學生認為這種行為是可以接受的。在可能的情況下，所有的討論應盡量集中在絕大多數學生的正面行為上。舉例而言，學生在檢視課本第24頁上圖表一的資料時，應注意到雖然1996年每1000名學生當中，就有10人在校園遭受暴力攻擊，但仍有990名學生並未遭受攻擊。

✐ 批判性思考練習 ✐

校長針對校園暴力學到了什麼？

運用圖表與表格的目的，是要為統計數據與資料建立視覺上的意象。討論圖表、表格及其他視覺上的呈現方式，可以如何協助學生更深入瞭解一個問題。如果時間允許的話，可以請學校的數學老師一起來帶這個活動。

請學生看課本第24頁上的圖表一，複習這張圖表上的相關資訊，確定學生知道如何閱讀這張圖表。

請學生分組，並回答每張圖表下面的問題。

請每個小組分享他們的答案。

在為本課程進行總結時，請學生回答課本第29頁的「課程內容省思」當中的問題。把學生對第一個問題「針對校園暴力，你們還有什麼問題？」所列出來的內容，拿來和山普森校長的問題對照與比較。

❂ 閱讀與討論 ❂

山普森校長還學到了什麼？

發給每個學生一張方格紙，請學生分組進行活動。首先請學生檢視圖表四並回答問題，然後請學生檢視圖表五的資料，並回答問題。請學生和全班同學分享小組活動的成果。

詢問學生，從所提出的資料看來，他們可以得到什麼樣的結論？這些資料可能衍生哪些問題？舉例而言，這些資料是訪談學校校長而來，如果訪談的對象是學生，而非校長，結果可能會有什麼不一樣？

❂ 閱讀與討論 ❂

校長另外還考慮了哪些問題？

詢問全班同學，山普森校長可能還有哪些問題，是目前還沒有處理到的？把學生的答案記下來。請學生閱讀「校長另外還考慮了哪些問題？」。詢問學生，山普森校長在處理麥迪遜中學的暴力問題時，是不是還有其他的問題需要考慮？

Lesson 5

你們該如何針對校園暴力問題，蒐集相關資訊？

課程綜覽

在本課中，學生開始對暴力問題進行研究與蒐集特定資訊，以著手準備規劃校園暴力預防計畫。學生以小組形式分工合作，有些人透過網路或紙本資源蒐集資料，有些人則透過訪問其他學生、學校員工、家長與相關社區成員，蒐集本地社區對暴力的看法與相關資訊。

課程目標

■ 找出能協助我們更加瞭解校園暴力問題的資料來源。
■ 運用統計數據來推斷某些年輕人暴力問題的成因。
■ 運用統計數據來描述暴力對個別學生以及對學校與社區產生的影響。
■ 從各式各樣的來源蒐集有關校園暴力問題的資料，包括本地的民眾。

課前準備和所需教材

1. 學生課本第31-39頁
2. 學生課本第35-39頁學習單的影本。

教學步驟

♦ 介紹本課內容 ♦

請學生指出某些可以讓大家更瞭解校園暴力的程度、原因與影響的資料來源，並將答案寫在黑板上。

♦ 批判性思考練習 ♦

小組的工作

把全班分成五個小組，指派每個小組負責課本第32頁中的一項工作。課本內提供的學習單，或許有助於釐清工作內容。小組討論時，你可以在各組之間來回巡視，確定每個小組都了解被指派的工作。同時為了避免資料過多無法消化，負責網路搜尋的小組，可能需要協助以縮小搜尋的範圍；負責訪問的小組，可能需要指導以選擇適當的成人訪問對象，以及如何取得受訪者的同意。

這項練習可能需要好幾堂課的時間，才能讓每個小組進行最後的報告，其中有些工作可能需要在課堂之外進行。在此所蒐集到的資料，應予以保留，以便稍後用來研擬全班的預防計畫。你也可以請學校的圖書館員或地方記者參與這項練習。

請學生結束分組討論，並請每個小組分享自己的工作成果。請保留足夠的時間，讓每個小組進行這項最後的報告，讓學生嘗試整合，進而瞭解如何將各種來源不同的資料彙整在一起。其他小組的學生應該要能針對報告組提出疑問。

學生在針對社區成員進行資料蒐集時，很可能會碰到不同的受訪者對同一個問題有不同的看法，或者對全國性的資料與本地的問題有不同的感受。請學生注意這種狀況，並鼓勵他們勇於推測出現這種差異的原因。

♦ 課程總結 ♦

在為本課程進行總結時，請學生回答課本第34頁的「課程內容省思」當中的問題。學生可以個別作業，或小組一起回答。學生可以把自己的答案記在學習日誌裡。

Lesson ⑥

麥迪遜中學如何負起處理校園暴力問題的責任?

課程綜覽

　　山普森校長思考如何處理麥迪遜中學的校園暴力問題。他把學校在處理此問題時該負的責任列出一張表,然後決定先調查其他學校如何減少與預防暴力事件,再來研擬解決方案。

　　在本課中,學生將找出學校在維護安全與健康的學習環境、執行法規、保護個人權利與維護學校社群(包括家長、學生、學校教職員)福祉上,所負有的責任。學生將檢視一些典型的暴力預防計畫,評估其中的各個組成要素是否能有效的使學校達成上述任務。此外,學生將開始考量推動解決方案所需的資源。

課程目標

本課課程結束之後,學生應該能夠:
■ 釐清學校在處理暴力問題時所負的各種責任。
■ 描述校園暴力問題是學生、行政人員、老師、學校其他人員、家長與社區成員共同的責任。
■ 評估某些處理校園暴力問題的方案,以判斷這些方案能否協助學校善盡本身的責任。
■ 說明承擔某些責任後,可能和其他責任或和個別公民的權利產生衝突。

課前準備和所需教材

1. 學生課本第41-55頁
2. 可選擇是否邀請校長到班上來。
3. 每位學生一份下列講義:「美國憲法與權利法案」、「權利法案案例研究」與「美國最高法院判決」,也就是本手冊最後面附件6-1、6-2與6-3的學生講義。

教學步驟

◖介紹本課內容◗

全班一起討論誰該負責協助解決麥迪遜中學的校園暴力問題。協助學生瞭解，凡是與學校相關的人或團體，包括社區在內，都有責任提供學生提供一個安全的學習環境。

請學生看課本第42頁上的插圖，並請學生回答插圖旁邊的問題：「安全而有紀律的學習環境有哪些優點？」

◖閱讀與討論◗

學校的責任

請學生閱讀課本第41頁的簡介段落。趁著學生閱讀的時間，把下列責任列在黑板上：

1. 公平而合理的校規

2. 公平的建構校規與法令

3. 公平執行校規與法令

4. 公正處理有無違反校規的爭議

5. 公平處置違規的學生

6. 維護校園安全

7. 社區保護

8. 教育課程

把全班分成八組，分配給每組一項責任。請小組閱讀與該項責任相關的內容，並對全班進行簡短的說明。

保留足夠的時間，讓小組能夠完成工作。然後請每個小組向全班說明小組所負責的相關內容。在小組進行說明的時候，把和某一項責任相關的資訊，列在黑板上那一項責任的旁邊。

等每個小組都說明完畢之後，請學生針對如何協助學校完成這些責任提出建議。以下是一些供大家討論的建議：

1. 公平而合理的校規

■ 有哪些具體的校規，可以保護學生，不受攜帶武器或暴力行為者的傷害？

■ 有哪些措施可以確保校規公平而合理？

2. 公平的建構校規與法令

■ 有哪些機會，讓學生表達對校規和法令的看法，並協助制訂校規？

■ 有哪些措施可以確保其他學生瞭解校規和法令、以及這些規定存在的原因？

3. 公平執行校規與法令

■學生可以建議哪些方法,用來執行校規與法令,例如找出違規的學生、沒收武器(weapons)[6],以及管教學生等?

■有哪些措施可以確保校規與法令在執行時,是以公平而合理的態度來完成?

請學生看課本第43頁上的插圖,並請學生回答插圖旁邊的問題:「教師與行政人員如何公平執行校規與法令?」

4. 公平處理有無違反校規而的爭議

■學生可以建議哪些程序,用來處理因校規與法令而引發的衝突以及用來處理被指控違規的學生?

■有哪些措施可以確保違規的學生能夠被告知自己被指控的罪名?

■有哪些措施可以確保學生有機會為所受的指控提出辯解?

■有哪些措施可以確保他人可以代表他們發言?

■有哪些措施可以確保公平的決定?

5. 公平處置違規的學生

■有哪些措施可以確保違規學生所受的懲罰,能夠公平的匡正他們的錯誤或彌補他們所造成的傷害?

■這些懲罰如何預防他們再度傷害他人?

■這些懲罰如何嚇阻其他人,以避免出現類似的行為?

6. 維護校園安全

■學校可以推動哪些安全措施,以保護學生不受來自其他學生的傷害?

■學校可以推動哪些措施,預防未受邀請的訪客進入校園?

---

6 沒收是刑法用語,沒入是行政罰法用語。相關法條可見刑法第34條:「從刑之種類如下:一、褫奪公權。二、沒收」;行政罰法第1條:「違反行政法上義務而受罰鍰、沒入或其他種類行政罰之處罰時,適用本法。但其他法律有特別規定者,從其規定」。
這裡提到沒收「武器」(weapons),對照我國相關法律規定,可見槍砲彈藥刀械管制條例之規定,其中有對槍砲、彈藥、刀械定義,並對槍砲、彈藥、刀械進行管制,非經許可不得製造、販賣、運輸、轉讓、出租、出借、持有、寄藏或陳列,並有相關刑責規定,且依據刑法或該條例可沒收或沒入。而學校訂定教師輔導與管教學生辦法注意事項則是將「違法物品之處理」分成兩大類來規範,見第三十點違法物品之處理,第一項:「教師發現學生攜帶或使用下列違法物品時,應盡速通知學校,由學校立即通知警察機關處理。但情況急迫時,得視情況採取適當或必要之處置。(一)槍砲彈藥刀械管制條例所稱之槍砲、彈藥、刀械。(二)毒品危害防制條例所稱之毒品、麻醉藥品及相關之施用器材。」第二項:「教師發現學生攜帶或使用下列違禁物品時,應自行或交由學校予以暫時保管,並視其情節通知監護權人領回。但教師認為下列物品,有依相關法律規定沒收或沒入之必要者,應移送相關權責單位處理:(一)化學製劑或其他危險物品。(二)猥褻或暴力之書刊、圖片、錄影帶、光碟、卡帶或其他物品。(三)菸、酒、檳榔或其他有礙學生健康之物品。(四)其他違禁物品」。

■學生在校園的哪些地方能夠感到安全？在校園的哪些地方感到比較不安全？有哪些措施可以用來改善校園安全的死角？校園建築本身有什麼地方可以加以改善？

7. 社區保護

■學校可以做些什麼，以維護與促進本身所在社區的安全？

■行政人員與教師得知（know）或聽說（hear about）問題時，如何通知家長與執法單位？

請學生看課本第45頁上的插圖，並請學生回答插圖旁邊的問題：「在學生上下學的途中，有哪些方式可以保護學生？」

8. 教育課程

■學校可以推動哪些教育課程，以協助學生因應暴力問題？

■學校可以推動哪些危機管理計畫，以預防校園暴力問題？

最後，你可以請學生針對山普森校長的學校責任表進行補充或調整。在討論這些責任的過程當中，你可以提醒學生瞭解下列事項：根據憲法條款的規定，有關單位必須尊重個人的權利。

美國居民享有憲法保障的權利，不會受到不合理的搜索與逮捕，而且能享有正當程序的保障。學生在規劃自己的暴力預防計畫以及在應用第8課的「合憲性檢查表」時，必須遵守這些憲法的規範，這點十分重要。

本手冊附件所附的講義，可以協助學生進一步瞭解憲法第一、第五與第十四修正案，以及一些最高法院的相關案例，這些案例都可以用來說明權利保障如何應用在校園當中。

和全班一起複習憲法修正案的內容，然後請學生兩人一組，回答「權利法案案例研究」當中的問題。請學生和全班同學分享自己的答案。最後，和全班一起回顧與討論「美國最高法院判決」，協助學生瞭解適用於校園的憲法保障。

◇ 批判性思考練習 ◇

還有誰能負責為麥迪遜中學的校園暴力問題找出解決方案？

閱讀介紹的段落。請學生回答第46頁上表格的問題。請學生和全班同學分享自己的答案。學生應該瞭解，校園暴力問題是校內與社區內全體人員共同的責任。這個練習應該協助學生釐清，在為麥迪遜中學研擬暴力預防計畫時，有哪些人物不可或缺。

教學步驟

◎ 閱讀與討論 ◎

其他學校如何解決校園暴力的問題？

　　這個段落協助學生了解，有好幾種現有的作法，可以用來協助預防校園暴力。這些作法在某些學校可能很有效，但並非所有的學校都適用。閱讀此處的12項建議，並和全班同學討論其中的內容。

1. 其中是否有些作法看來比其他的作法有效？為什麼？

2. 只用一個策略是否足夠？

3. 為什麼一所學校可能必須使用一個以上的策略？

◎ 批判性思考練習 ◎

哪些暴力預防計畫可以在麥迪遜中學產生效果？

　　在這個練習裡，學生會評估剛剛讀過的那些方案是否能有效的使學校達成預防或減少校園暴力的任務。此外，學生也應該開始考量要有效推動暴力預防計畫，必須運用哪些資源，而這些資源又有哪些現實狀況需要考慮。你可能需要幫助學生瞭解，資源通常涉及經費支出，這些經費也許必須來自其他重要的計畫，而影響到其他計畫。

　　和學生一起閱讀過這個段落後，把學生分成五人一組，請小組中每個學生負責扮演一個角色：

■學生

■家長

■教師

■學校員工（行政人員或其他職員）

■社區成員（警察、社工人員、衛生專業人員、關注此議題的公民等）

　　請每個小組運用課本第52-54頁的「評估暴力預防計畫」表，來評估課本第47-50頁前一個段落的「其他學校如何解決校園暴力的問題？」當中的方案。

　　為了節省時間，你可以把各個方案分配給小組進行討論，而不需要每個小組評估所有的方案。每個小組的學生，應該從自己被指派角色的觀點，來考量評估整個方案。保留足夠的時間，讓小組能完成這項練習活動。等小組討論完成後，恢復到全班的狀態，請每個小組和全班同學分享自己的討論成果。最後，請問全班會選擇推薦哪些方案，以及如此選擇的理由。

⍟ 課程總結 ⍟

在為本課程進行總結時，請學生寫一份簡短的報告給山普森校長，說明全班對麥迪遜中學學生所提出的方案的看法。請學生依序提出本身的看法，最好的意見放在最前面。鼓勵學生在全班討論過程中，如果還想到其他相關的方案，也可以一併放入。不過學生應該說明，為什麼山普森校長應該考慮這些其他的方案。

你可以請學生單獨作業，或分成小組，設法完成課本第55頁「課程內容省思」的練習。請學生看插圖「老師搜查學生的物品時，涉及哪些個人權利？」，並請學生和全班同學分享自己的成果。

Lesson ⑦

一個好的規定，是如何產生的？

課程綜覽

山普森校長決定修訂麥迪遜中學的學生行為準則[7]。他指派了一些學生、家長、行政人員與社區成員，組成委員會，來完成這項任務。

在本課中，學生將檢視幾個問題，以及為解決這些問題而訂定的規定。學生將學會運用一套標準，以有系統的方式，來評估這些規定。這套標準可以有效判斷某個規定是否完善，還是需要調整。到下一課，學生要為麥迪遜中學規劃暴力預防計畫時，本課所介紹的流程就會派上用場。

課程目標

本課課程結束之後，學生應該能夠達到下列目標：
■ 辨認好的規定或法令的特色。
■ 運用在本課中所學到的標準，來評估規定與法令。

課前準備和所需教材

1. 學生課本第57-62頁
2. 可以選擇邀請校長到班上來。
3. 一份麥迪遜中學的學生行為準則，也就是本手冊第59頁附件7-1的資料。

---

7 本書當中為便於了解，使用各別、單一的規則，稱之為「規定」；指多條規定組合而成的一套行為標準，稱之為「準則」。

教學步驟

課本第58頁「如何評估規定？」當中的問題，來評估課本第59-60頁「這些規定與法令能不能合乎我們的標準？」當中所列的七個狀況。

✎ 介紹本課內容 ✎

課程一開始，請學生看課本第57頁與第59頁上的插圖。並回答旁邊的問題：「山普森校長如何在學生的隱私權與學校維護學生安全的責任之間，求取平衡？」，以及「哪些資訊有助於判斷麥迪遜中學的校規是否有效與公平？」

✎ 批判性思考練習 ✎

哪些想法可以促成好的規定？
如何評估規定？

請全班閱讀「哪些想法可以促成好的規定？」這個段落。和全班一起檢視山普森校長用來判斷規定是否完善的標準，也就是第58頁的「如何評估規定？」協助學生理解：在針對規定進行評估之前，應先瞭解訂定規定的目的；釐清還有哪些其他的方式，可以用來處理這個問題，以及這項規定可能產生的結果（包括有利與不利的結果）。

✎ 批判性思考練習 ✎

哪些想法可以促成好的規定？
如何評估規定？

在黑板上畫一個類似課本第61頁「什麼才是好的規定？」的表格，運用

閱讀威廉女士所定的規定：

打架被抓到的學生，整個午休時段和放學之後兩個小時，都要被留置在特定教室，直到高中畢業為止。

問學生，他們認為威廉女士為什麼要訂定這項規定？協助學生瞭解，這項規定的目的是為了預防學生在午休時段打架。威廉女士還可以採取哪些其他的方法，同樣能達成這個目標？

接下來，問學生這項規定可能會引發哪些結果？舉例而言：

■ 學校必須付費請人來看管特定教室。

■ 學校可能得為放學後留置在特定教室的學生安排交通工具。

■ 國中部必須獲得高中部的充分支持，才能推動這項規定。

■ 違規的懲罰可能過於嚴厲，使這項規定無法達成既定的目標。

1. 問學生，這些結果有哪些是有利的？有哪些是不利的？

2. 請學生檢視這項規定的優點與缺點。這項規定是否公平？這項規定是否容

易瞭解？（請參考學生課本第58頁第五個步驟所完整列出的各種可能優缺點。）

3. 問學生是要保留、修改還是廢除這項規定？請他們說明自己的答案。鼓勵學生提出充分的理由來支持自己的看法。

4. 最後，請學生利用你一開始在黑板上畫的表格，填寫第一欄的內容。舉例而言，在「缺點」下面這一欄，學生可以說這項規定不公平，或者說這項規定的處罰實在太嚴厲。然後請學生填寫第二欄，「好的規定應該是……」，學生可以說好的規定應該是公平的，而且處罰不會太過嚴厲。

　　以類似的方式來評估其他規定或法令。或者你也可以把學生分成六組，每組負責評估剩下的六個狀況當中的一個。每位組員都應該根據課本第58頁上的問題，來評估本身負責的狀況，並由一位組員記錄小組的討論成果。

　　等小組討論完畢之後，請各組推派一位代表向全班報告。利用每組的答案來完成黑板上的表格。

　　最後完成的表格可能和次頁的表格很類似。

✐ 課程總結 ✐

　　在為本課程進行總結時，請問學生，他們在本課當中學到的，有哪些在訂定暴力問題相關的校規時，可能派上用場。你可以透過下列方式引導學生繼續討論：請學生把在本課中所學到的標準應用到真正的班規、校規，或其他規定上面。本手冊後附7-1的資料，有一份虛構的麥迪遜中學的學生行為準則，你也可以請學生把在本課當中學到的內容，拿來分析這份行為準則。

　　學生在檢視麥迪遜中學的學生行為準則時，可以全班一起，也可以兩人一組。如果是分組進行，請組員共同利用在本課中學到的標準，來評估這些準則。接下來，每組應該完成一張類似學生課本第61頁上的表格，請學生和全班同學分享自己的成果。

　　最後，請學生回答課本第62頁上「課程內容省思」當中的問題。

什麼才是好的規定？	
缺點	好的規定應該是……
1. 不公平，處罰過重	公平，處罰不會過於嚴厲
2. 讓人看不懂	很容易瞭解
3. 太模糊	很明確
4. 侵犯人民的基本權利[8]	不侵犯人民的基本權利
5. 殘酷，不合理	適當而合理
6. 和問題無關	經過良好的設計，能解決問題
7. 有歧視	沒有不公平的歧視

---

8 可參考我國憲法第二章「人民之權利義務」當中所規範的人民基本權利。

Lesson 8

如何為麥迪遜中學研擬校園暴力預防計畫？

課程綜覽

　　山普森校長相信，學生可以找出一些好的方案來解決麥迪遜中學的暴力問題。如果學生能夠參與制訂計畫，他們就會對計畫更加瞭解，也會對計畫更加尊重。

　　在本課中，學生將針對如何減少或預防麥迪遜中學的暴力問題，研擬一套全班的計畫或策略，藉此嘗試整合與評量在前幾課中所學到的內容。預防計畫將包括下列策略：教育、發現問題與回應措施。首先，學生將分成小組，針對預防計畫的各項內容提出建議，然後全班再重新整合，設計出一份最終的計畫，同時根據本手冊中所提出的標準，來評估該份計畫。

課程目標

本課課程結束之後，學生應該能夠：
■ 找出校方可以執行的事項，以減少並預防暴力。
■ 找出校方可以執行的事項，以判斷誰該為暴力行為負責、以及該如何處理校園暴力問題。
■ 研擬出一份能減少並預防麥迪遜中學暴力問題的建議計畫。
■ 評估所研擬的建議計畫。

課前準備和所需教材

1. 學生課本第63-73頁
2. 前幾課的筆記與圖表
3. 邀請校長到班上來參加擬定行動計畫的那一堂課。

教學步驟

介紹本課內容

請學生閱讀課本第63頁的簡介內容。指引學生看課本上的插圖。請學生回答插圖旁邊的問題：「有效的校園暴力預防計畫應設法達到哪些目標？」

閱讀與討論

暴力預防計畫預定達成的目標

提醒學生，本課程一直在探討麥迪遜中學的暴力問題。而學生在本課程中已經學到：

■暴力問題的規模。

■部分暴力問題的成因與影響

■某些潛在的解決暴力問題方案。

■關於暴力校方應負的責任。

■一些好規定的標準。

請學生找出麥迪遜中學預防暴力的需求。把學生的答案列在黑板上或紙上。鼓勵學生思考校方的短期需求與長期需求。

1. 麥迪遜中學需要採取哪些行動，以減少目前的暴力行為？

2. 麥迪遜中學需要採取哪些行動，以預防未來五年校園內外可能產生的暴力問題？

3. 要滿足班上同學所找出的這些需求，可能需要哪些資源？

4. 誰該參與協助減少並預防麥迪遜中學的暴力問題？

5. 學生在這個過程中應扮演什麼樣的角色？

請學生兩人一組，共同完成課本第64頁上的「我們的校園暴力預防計畫的目標」。向全班說明，他們為麥迪遜中學訂定的目標，將作為稍後全班要研擬的計畫或策略內容的方向指引。提醒全班同學，這些目標應該要切實可行。

等學生寫出計畫目標之後，請他們和全班同學分享自己的想法。請全班同學共同為麥迪遜中學的暴力預防計畫選出三或四個目標。

批判性思考練習

我們的計畫中應包含哪些策略？

請學生閱讀「我們的計畫中應包含哪些策略？」向全班說明，大家將分成五人一組，為減少與預防麥迪遜中學的暴力問題研擬一份計畫。在黑板上或紙上，列出每個計畫必須處理的三項

教學步驟

策略：

■教育

■發現問題

■回應措施

和全班學生討論每一項策略，並確認學生是否瞭解。提醒學生運用所學的下列內容研擬策略：

■校園暴力問題的成因與影響

■學校的責任

■其他學校用來減少暴力行為的有效方案

■好規定的標準

同時提醒學生，他們的計畫不應牴觸美國憲法與權利法案所保障的個人權利。把學生分成五人一組，請每個小組指定一位同學擔任紀錄，負責記錄小組討論的內容，指定另外一位同學擔任發言人，負責和全班分享小組所提的建議方案。發給每個小組一大張紙，以及幾支馬克筆，讓小組可以記下想法，作為向全班介紹內容，或者請學生利用課本第67頁的「計畫表」。建議學生在共同研擬預防計畫時，可以利用學習日誌或運用在前幾課中曾經製作的筆記或表格。一開始，他們或許想先複習這些資料，要給學生足夠的時間讓小組能完成這次的活動。

✐ 批判性思考練習 ✐

如何評估小組的預防計畫？

如何與全班分享小組的麥迪遜中學校園暴力預防計畫？

在向全班說明小組的計畫之前，應先對計畫內容進行評估。請學生閱讀「如何評估小組的預防計畫？」並複習課本第68-69頁的「評估檢查表」。請小組應用這份評估檢查表，來評估小組所提的預防計畫。保留足夠的時間，讓小組能在評估之後，進行必要的修改。

等小組完成評估的工作之後，請每個小組向全班說明他們的想法。學生課本第70頁上的「如何與全班分享小組的麥迪遜中學校園暴力預防計畫？」當中有一些建議，可以協助小組進行說明與介紹。小組發言人說明的內容應包括小組如何研擬出預防計畫的三項策略。

鼓勵小組其他成員回答問題，或對計畫細節作更詳盡的說明。

✐ 批判性思考練習 ✐

全班如何共同研擬出一份麥迪遜中學校園暴力預防計畫？

指引學生看課本第70頁上的插圖，

並請學生回答插圖旁邊的問題：「如何研擬有效的校園暴力預防計畫？」

請全班閱讀課本第70-71頁的「全班如何共同研擬出一份麥迪遜中學校園暴力預防計畫？」，並請全班指出各組計畫的相似之處。根據以下的步驟，討論每個預防計畫。在討論的過程當中，確定學生都能針對下列事項進行思考：

■ 執行各個建議方案，可能帶來哪些結果？

■ 哪些結果可能是有利的？哪些可能是不利的？

■ 哪些計畫的內容，最能達成在本課一開始所設定的目標？

■ 從能夠取得的資源來衡量，哪些計畫的內容最切實可行？

接下來，請全班根據各組所提出的最佳建議，共同研擬一份預防計畫。記得確定這份計畫應包括下列各部分：

■ 目標或目的的陳述

■ 三項策略：教育、發現問題、回應措施

不一定要在這個階段完成這份計畫的最終版本，可以到下一個活動再進行修改。或者在第九課要進行公開說明時，再進一步調整。

✿ 批判性思考練習 ✿

我們如何確定所擬定的計畫不會侵犯個人權利？

指引學生看課本第71頁上的插圖，並請學生回答插圖旁邊的問題：「麥迪遜中學的學生如何確定他們的校園暴力預防計畫不會違反美國憲法？」

請全班閱讀課本第71-72頁的「我們如何確定所擬定的計畫不會侵犯個人權利？」以及課本第72-73頁的「合憲性檢查表」。把全班分成小組，並請各小組運用合憲性檢查表，來檢查全班所擬的預防計畫。

請學生結束小組活動，並請每個小組說明檢視結果。為了節省時間，你可以請每組負責說明檢查表上的一項內容，而不必要求各組說明所有的內容。

如果全班發現他們所研擬的計畫確實牴觸了憲法的內容，那就保留一些時間，讓學生進行必要的修改。

教學步驟

♦ 課程總結 ♦

　　提醒學生，在第六課中，大家曾經學到，減少與預防暴力是許多人共同的責任。請全班進行腦力激盪，找出學校或社區中能夠協助推動班上暴力預防計畫的個人或團體，並列出一張表，然後考慮如何爭取這些個人或團體，來贊成與/或支持他們的計畫。

第九課

Lesson ⑨

如何和社區內其他人士分享我們的校園暴力預防計畫？

課程綜覽

　　山普森校長對麥迪遜中學學生所擬的校園暴力預防計畫引以為傲。他決定請學生將他們的計畫與學校成員及其他社區人士分享。

　　本課是整個課程活動的最高潮。學生向受邀的各方人士，展示並說明他們的暴力預防計畫。整個簡報活動包括兩部分：用展示板或學習檔案呈現計畫內容，並以口頭說明他們的建議。學生要分組準備簡報活動的事項。

課程目標

在本課課程結束時，學生應該能夠：
■ 讓大家瞭解校園暴力問題的嚴重性。
■ 說明他們為麥迪遜中學所擬的校園暴力預防計畫的相關細節。
■ 回答觀眾針對上述預防計畫所提出的問題。
■ 展現他們在研究校園暴力的過程中所學到的內容。

課前準備和所需教材

1. 學生課本第75-79頁
2. 本課程結業證書（附件第63頁）
3. 也可以邀請社區成員參加簡報活動，例如家長會、教師會的成員，學校董事、校方行政人員、執法人員、相關的社會機構或地方議員等。

教學步驟

⚙ 介紹本課內容 ⚙

先肯定全班為麥迪遜中學研擬校園暴力預防計畫的成就，接著說明現在全班有個很好的機會，可以展現在課程中所學的內容，並介紹這項計畫給有興趣的社區人士。

請全班先想想，希望和哪些社區人士分享自己的想法。提醒學生參考在第六課中曾經列出的名單。也可以請學生撰寫邀請函，給他們所列出的社區人士。

再請學生想想，曾經看過的簡報活動有哪些優點與缺點。請學生腦力激盪，列出簡報活動所需考量的各種相關事項。可能的回應如下：

■ 舉辦簡報活動的日期、時間與地點

■ 要分享哪些計畫重點

■ 全班如何參與舉辦簡報活動

■ 如何使用視聽設備增強簡報活動的效果

⚙ 閱讀與討論 ⚙

如何為我們的麥迪遜中學校園暴力預防計畫簡報作準備？

請全班閱讀課本第75頁的「『麥迪遜

中學校園暴力預防計畫』簡報的準備」確定學生瞭解說明內容至少包括兩部分：計畫內容的完整展示，以及整個建議方案內容的口頭介紹。

⚙ 閱讀與討論 ⚙

簡報希望達成的目標
簡報的架構

請全班閱讀課本第75頁的「簡報希望達成的目標」，複習課本中所提出的簡報的基本目標。

請全班閱讀課本第76-78頁的「簡報的架構」，和全班一起複習簡報的基本架構。

⚙ 閱讀與討論 ⚙

如何達到有效的說明

請全班閱讀課本第78頁的「如何進行有效簡報」，複習進行有效簡報的各種要素。

● 你或全班同學選出某位學生，擔任班級簡報活動的主持人。

● 請學生預演簡報活動。

- 為了確保簡報活動不會超過預定的時程，你可以規定每個小組進行簡報的合理時間。

- 在預演的過程，你可以扮演觀眾的角色，針對簡報內容提出問題。

- 在預演結束後，鼓勵學生檢視自己的表現，同時提出正面與建設性的改善建議。

⋰課程總結⋰

感動最終回

全班針對麥迪遜中學的校園暴力預防計畫進行公開發表。在活動的最後，你可以從觀眾之中邀請適合的人選，頒發結業證書給每位學生。你可以自己設計，也可以使用本手冊附件所附的證書。

Lesson ⑩

如何評量在本課程中所學到的內容？

課程綜覽

在本課中，學生將回顧與省思在本課程中所學到的內容。他們將從全班、從小組成員以及從個別學生的角度，省思評量本身的學習經驗。在省思過程中，學生可以趁機想想自己的正面貢獻，以及如何運用所學的技巧來解決社區的問題。

如果你已經請全班在校內研擬預防計畫，此時學生也可以從參與式民主的角度，省思與評量他們在社區中的經驗。

課程目標

本課課程結束之後，學生應該能夠：
■ 評量他們在參與本課程之後，針對預防計畫所學到的內容。
■ 評量他們透過小組模式來解決問題後所學到的內容。
■ 找出自己在解決問題技能上的優勢。
■ 找出提升解決問題技能的方法。
■ 運用在研擬麥迪遜中學暴力預防計畫中所學到的方法，來解決自己學校類似的問題。
■ 從生活在民主社會的角度（例如課本第84頁所提到價值觀與原則）來理解自己的經驗。

課前準備和所需教材

學生課本第81-86頁

教學步驟

❶介紹本課內容❶

一開始，再次肯定學生在為麥迪遜中學研擬暴力預防計畫時所付出的努力。說明現在他們有機會思考與評量在本課程中所學到的內容。詢問學生，為什麼花點時間省思自身的經驗可能是有用的。

❶批判性思考練習❶

回顧與省思個人在本課程中所學到的內容

和學生一起閱讀課本上第81頁的簡介內容。請學生兩人一組或分成小組，回答課本上第81-82頁的「回顧與省思個人在本課程中所學到的內容」的問題。請全班學生一起針對每個問題進行討論；確認不同的意見都有機會表達並受到尊重。

視學生針對第6題所的回答，學生或許會想為自己的學校研擬一份暴力預防計畫。你和學生必須要審慎考量，決定是否把課程中所學應用在實際生活上。

❶課程總結❶

省思全班共同的經驗

請學生個別回答學生課本第82頁上「省思全班共同的經驗」的問題。

請學生看課本第83頁上的插圖。並請學生回答插圖旁邊的問題：「麥迪遜中學的學生在未來如何應用解決問題的新技能？」提醒全班學生，研擬預防計畫也可以用來解決社會上可能發生的其他問題，這些學生已經培養出解決問題的技能，且未來還將持續發展，可以應用在目前與未來各方面的生活上。

❶省思我們參與民主運作的經驗❶

學生發展出來的解決問題技能，未來將持續進展，這對種技能對民主社會中的公民參與，也很重要。無論你的學生在研究過程中是否跨出教室，本單元都可以讓他們對「參與解決問題的過程，而最終對自身生活品質產生影響」的行動所具有的內涵，有更進一步的體認。本課程設計的目的，就是要賦予學生行使民主權利與善盡民主責任的知識基礎。

鼓勵學生把報告寄給民間公民與法治教育基金會，讓其他學校也可以分享其中的資訊。詳細資訊請參考學生課本第86頁的「把報告寄給民間公民與法治教育基金會」。

「美國憲法與權利法案」摘錄

第一條修正案

國會不得制定有關下列事項的法律：確立一種宗教或禁止信教自由；剝奪言論自由或出版自由；或剝奪人民和平集會及向政府要求伸冤的權利。

第四條修正案

人人具有保障人身、住所、文件及財物的安全，不受無理之搜索和拘捕的權利；此項權利，不得侵犯；除非有可成立的理由，加上宣誓或誓願保證，並具體指明必須搜索的地點，必須拘捕的人，或必須扣押的物品，否則一概不得頒發搜捕狀。

第五條修正案

……人民……不得不經過適當法律程序而被剝奪生命、自由或財產；……

第六條修正案

在所有刑事案中，被告人應有權提出下列要求：要求由罪案發生地之州及區的公正的陪審團予以迅速及公開之審判，並由法律確定其應屬何區；要求獲悉被控的罪名和理由；要求與原告的證人對質；要求以強制手段促使對被告有利的證人出庭作證；並要求由律師協助辯護。

第八條修正案

不得要求過重的保釋金，不得課以過高的罰款，不得施予殘酷的、逾常的刑罰。

第十四條修正案

……任何州，如未經適當法律程序，均不得剝奪任何人的生命、自由或財產；亦不得對任何在其管轄下的人，拒絕給予平等的法律保護。

權利法案案例研究

閱讀下列每個案例。首先判斷這個案例適用哪一條增補條文，然後說明你對此案例的看法及理由。

1. 馬修‧富瑞瑟受到懲罰，因為校方人員認為他以粗俗的言論攻擊同學。馬修聲稱，這項處罰
   違反了憲法所賦予他的權利。

   _____

   _____

   _____

2. T.L.O.是個被學校停學的國中生，老師懷疑她在女廁吸菸。她正在否認的時候，副校長打開了
   她的錢包，結果不但發現香菸，還發現紙捲、少量大麻以及顯示她一直在販賣大麻給同學的
   紙條。T.L.O.聲稱，讓她停學侵犯了她的權利。

   _____

   _____

   _____

3. 有好幾名公立中學的學生由於行為不檢，被迫停學十天。校方行政人員不願在他們辦理停學
   之前，先舉行聽證會，以釐清事實狀況。這些學生聲稱，沒有舉辦聽證會就勒令他們停學，
   等於剝奪了他們受教育的權利。

   _____

   _____

   _____

美國最高法院判例

案例一

貝斯學校403區對富瑞瑟案，474美國814（1986）

美國最高法院判決指出，公立學校的學生，在使用攻擊性的言詞時，所受到的保護和成人不同。法院指出，在公開場合禁止使用粗俗而有攻擊性的言詞，是學校教育的適切作法。

案例二

紐澤西對T.L.O.案，105美國733（1985）

最高法院認為，學生確實可以預期擁有憲法保障的隱私權。但法院判定，在校內進行搜索，不需要事先取得搜索狀。法官指出，要求取得搜索狀，可能有礙校內快速、非正式處罰程序的需求。此外，法院也降低核發搜索狀的標準，從「嫌疑重大」降到「合理懷疑」。法院指出，降低標準可以在維護校園秩序與紀律的需求以及保護學生的隱私權益之間，求取適切的平衡。因此，只要有合理的懷疑認定，搜索可以找出違反刑事法令或校規的證據，就可以在校園內進行搜索。

案例三

高斯對羅佩茲案，419美國565（1975）

法院維持停學的原判。法院的結論是，憲法的確要求某種形式的通知……以及在學生停學前，給予學生某種形式的聽證，但聽證的形式可以是非正式的。就連學生和施加懲處的人員之間的某次會面，也可以算是某種聽證，只要學生被告知指控的內容，而且有機會說明自己的立場即可。

麥迪遜中學的學生行為守則

1. 除了穿越停車場時，可以騎乘腳踏車外，在校園中，任何時候都得步行牽車。

2. 學生必須尊重麥迪遜中學鄰居的權利。

3. 上午七點至下午三點之間，非學生者不得進入校園。這段時間不會發放訪客通行證。

4. 全體學生都必須穿著整潔合宜的服裝，禁止穿戴含尖銳金屬飾物及具有威嚇作用的衣著、頭飾及象徵物等。

5. 學生在上課時離開教室，不管是任何原因，都必須有通行證。

6. 學生對學校全體教職員以及其他學生，必須表現出應有的敬重。

7. 任意破壞學校財產的學生，必須接受懲處，包括進行一學期的社會服務。

8. 校園中禁止使用收錄音機、電動遊戲與行動電話。全體教職員都有權利要求學生交出這些物品，直到當天放學時才歸還。

　　我已閱讀過本守則中所有事項，並瞭解其內容。

你的姓名：＿＿＿＿＿＿＿＿＿＿＿＿＿＿＿　年級：＿＿＿＿＿＿＿＿＿＿

學生簽名：＿＿＿＿＿＿＿＿＿＿＿＿＿＿＿　日期：＿＿＿＿＿＿＿＿＿＿

家長簽名：＿＿＿＿＿＿＿＿＿＿＿＿＿＿＿　日期：＿＿＿＿＿＿＿＿＿＿

結業證書

茲證明

認真參與

「預防校園暴力行動方案」課程

校長　　　　　日期

教師　　　　　日期

課程推動者：民間公民與法治教育基金會